A Espiritualidade na Angariação de Fundos

Henri J. M. Nouwen

John S. Mogabgab, Editor da Série

ISBN (livro brochado) 978-1-56344-968-0

ISBN (eBook) 978-1-56344-975-8

Direitos de Autor © 2022
The Henri Nouwen Legacy Trust

Publicado por Global Nazarene Publications
and The Church of the Nazarene, Inc.

Originalmente publicado em inglês sob o título

A Spirituality of Fundraising
Copyright© 2010
The Henri Nouwen Legacy Trust

The Upper Room: upperroom.org

Site da Henri Nouwen Society: www.HenriNouwen.org

Capa e Design de Interior: Sue Smith and Pearson & Co.

Design da Capa: Gogh, Vincent van, (1888). O Semeador. Erich Lessing /
Art Resource, NY

Foto de Nouwen e Magadgab de Mary Ellen Kronstein. Usado com
permissão. Primeira impressão: 2010

Tradução para o português europeu (pré-AO90) por Priscila Guevara,
Susana Reis Gomes, Raquel A. Espinhal Pereira.

ÍNDICE

SOBRE A SÉRIE DE ESPIRITUALIDADE

HENRI NOUWEN / 5

PREFÁCIO / 6

AGRADECIMENTOS / 10

A ANGARIAÇÃO DE FUNDOS COMO UM MINISTÉRIO / 15

AJUDAR O REINO A CHEGAR / 22

A NOSSA BASE DE SEGURANÇA / 25

PESSOAS QUE SÃO RICAS / 32

PEDIR / 39

UMA NOVA COMUNHÃO / 43

ORAÇÃO E GRATIDÃO / 49

VENHA O TEU REINO / 53

Henri Nouwen procurou o centro das coisas. Nunca se contentou em observar a vida à margem. A sua abordagem a novas experiências e relacionamentos era acelerada. Ele olhava para o mundo com a antecipação entusiástica de uma criança, convencido de que, mesmo no meio da vida, encontraria o Deus que nos ama sem condições. Ajudar-nos a reconhecer esse Deus no próprio tecido das nossas vidas foi a paixão contínua da vida e do ministério de Henri.

A Série de Espiritualidade Henri Nouwen incorpora o seu legado de envolvimento compassivo com questões e preocupações contemporâneas. Desenvolvida através de uma parceria entre a Henri Nouwen Society e os Upper Room Ministries, a Série oferece novas apresentações de temas chegados ao coração de Henri. Esperamos que cada volume o/a ajude a descobrir que, diariamente, Deus está mais perto do que pensa.

PREFÁCIO

Falando um dia a um grande público reunido para ouvir sobre a angariação de fundos como ministério, Henri Nouwen soube que os vendedores de livros no átrio tinham vendido todas as cópias do seu último livro. Ao meio-dia, ele foi à livraria mais próxima para comprar mais cópias para poderem terem em mãos. A caminho do seu carro, foi abordado por um jovem vestido casualmente que lhe pediu dinheiro para voltar para casa em França. De um modo caracterrístico, Henri disse: "Entre no carro e venha comigo. Conte-me sobre você."

Na viagem, o jovem explicou a sua tentativa mal sucedida de garantir uma posição esperada no Canadá e a sua incapacidade de voltar para casa por causa da falta de fundos. Com o bilhete de volta em mãos, ele estava a ir embora naquela noite para Paris, mas não tinha dinheiro para ir de lá para a sua cidade natal, no sul da França. Quando Henri completou a sua compra, regressou ao centro de conferências e, quando se estavam a separar, Henri deu ao jovem duzentos dólares e pediu-lhe para enviar notícias quando chegasse em segurança a casa.

Mais tarde naquele dia, depois das suas palestras e pouco antes de se ir embora, os vendedores dos livros na entrada entregaram a Henri um envelope em gratidão pela sua gentileza para com eles.

Abrindo o cartão, Henri encontrou uma nota de agradecimento e um cheque de duzentos dólares!

A generosidade gera generosidade. Isto é especialmente assim quando a generosidade está enraizada no rico solo do relacionamento. Henri, pela sua atitude aberta e cheia de Espírito, sempre buscou pontos de relacionamento com as pessoas que encontrava. A sua generosidade com o dinheiro cresceu a partir de uma generosidade maior dentro de si mesmo. O seu desejo de relacionamentos autênticos despertou esse desejo nos outros, e desta forma ele vivenciou pessoas generosas com o seu tempo, preocupação e também o seu dinheiro.

Em muitos aspectos, Henri era um homem rico e generoso, com os meios e a abertura para dar. Ele também precisava de fundos para apoiar os seus muitos interesses fervorosos. Desta forma, ele experimentou a angariação de fundos de ambos os lados e a sua visão acerca disso surgiu da sua experiência real de ser convidado a doar dinheiro e de pedir a outros para apoiar os seus vários ministérios. Então, com o tempo, a sua visão estendeu-se além do pessoal para o universal.

Como muitos de nós, a visão de Henri começou com a noção de angariação de fundos "como uma actividade necessária, mas desagradável, para apoiar as coisas espirituais". Mas a sua paixão pelo ministério e por viver a partir de uma motivação espiritual levou-o cada vez mais longe até que ele pôde finalmente dizer com convicção: "A angariação de fundos é antes de tudo uma forma de ministério".

Nesta breve palestra Henri está entusiasmado e apaixonado pelo Reino de Deus. Ele oferece a todos aqueles motivados pelo Espírito de Deus um novo conjunto de óculos para ver e viver o seu ministério de angariação de fundos como parte integrante da sua missão:"A angariação de fundos é tão espiritual como pregar, ter um tempo de oração, visitar os doentes ou alimentar os famintos!"

Como ministério, a angariação de fundos inclui a proclamação e o convite, bem como a conversão. "A angariação de fundos proclama o que acreditamos de tal forma que oferecemos a outras pessoas a oportunidade de participar connosco na nossa visão e missão." Para Henri, a proclamação e o convite envolvem um desafio à conversão para angariadores e doadores de fundos. "A angariação de fundos é sempre um apelo à conversão. Todos são chamados a uma nova relação, mais espiritual, com as suas necessidades e com os seus recursos. Henri incentiva os angariadores de fundos a tornarem-se mais confiantes e alegres, imergindo nas suas perguntas sem desculpas. E nesta visão, não lucram sozinhos, porque os doadores também participam de uma nova comunhão com os outros, ao se tornarem parte de uma visão espiritual muito maior e frutífera.

Por causa da relação frutífera entre a Henri Nouwen Society e os Upper Room Ministries, este projecto e a sua passagem da ideia para a realidade autenticam a mensagem espiritual do manuscrito sobre ministério, visão, pedir, dar e receber. Acredito e confio que o investimento colectivo de tantas pessoas na criação deste livro será multiplicado muitas vezes através do seu impacto na visão e prática de angariação de fundos de inúmeros indivíduos e organizações.

Sue Mosteller, CSJ
The Henri Nouwen Legacy Trust

AGRADECIMENTOS

A 16 de Setembro de 1992, Henri Nouwen falou à Marguerite Bourgeoys Family Service Foundation sobre a angariação de fundos. Foi um discurso informal que veio do coração, sem a necessidade de um manuscrito escrito. Felizmente, a palestra foi gravada em cassete e a transcrição foi levemente editada. De tempos a tempos, eram dadas cópias da palestra a indivíduos ou organizações envolvidas em empreendimentos de angariação de fundos. A resposta positiva à nova visão de angariação de fundos que Henri estava a começar a articular levou Sue Mosteller, a sua executora literária, a considerar formas de distribuir o texto de forma mais ampla.

O manuscrito foi dado como presente à Henri Nouwen Society pelo seu trabalho no desenvolvimento financeiro. Em Abril de 2003, fui contactado sobre a possibilidade de preparar o texto de Henri para ser publicado. A chamada da Henri Nouwen Society foi inspirada na minha relação com Henri. Durante os meus estudos de doutoramento na Universidade de Yale, servi durante cinco anos como professor, pesquisador e assistente editorial de Henri. Ele era meu mentor e amigo. Weavings, a revista que editei durante vinte e quatro anos, ainda procura reflectir, no seu próprio tempo e lugar, a visão espiritual que Henri tão bem encarnou.

Exercitei a liberdade que Henri regularmente me concedia para adicionar material onde as suas ideias convidavam à expansão ou onde as suas transições precisavam de elaboração. Os trabalhos de amor atraem a comunidade e este projecto confirmou esta verdade. Nathan Ball e Sue Mosteller, do Nouwen Legacy Trust, estiveram profundamente envolvidos em todos os aspectos da obra. Apesar de ter uma agenda extremamente intensa, Sue até encontrou tempo para escrever o Prefácio. Wendy Greer e Robert Durback generosamente deram sugestões para os trechos de margem dos outros escritos de Henri. Resa Pearson, Elaine Go e Sue Smith da Pearson & Company criaram um design tão atractivo e acessível como a vida e fé de Henri. Pamela Hawkins reviu o manuscrito com um olhar cuidadoso de editora. E Robin Pippin, da Upper Room Books, orientou todo o processo com uma habilidade gentil. Finalmente, gostaria de agradecer a si, leitor/a, por assumir a visão de Henri de angariação de fundos como um ministério e levá-la adiante de formas que ele dificilmente poderia ter imaginado.

John S. Mogabgab, Upper Room Ministries

Faça do amor o seu
objectivo.
(1 Coríntios 14:1)

ANGARIAÇÃO DE FUNDOS

A angariação de fundos é um assunto que raramente pensamos a partir de uma perspectiva espiritual. Podemos pensar na angariação de fundos como uma actividade necessária, mas desagradável, para apoiar as coisas espirituais. Ou podemos acreditar que a angariação de fundos reflecte uma falha em planear bem ou confiar o suficiente para que Deus providencie todas as nossas necessidades. Na verdade, muitas vezes a angariação de fundos é resposta a uma crise. De repente, a nossa organização ou comunidade da fé não tem dinheiro suficiente, e por isso começamos a dizer: "Como vamos conseguir o dinheiro de que precisamos? Temos de começar a angariar dinheiro." Então percebemos que não estamos acostumados a fazê-lo. Podemos sentir-nos constrangidos e um pouco envergonhados com isso. Começamos a preocupar-nos e a perguntar: "Quem nos dará dinheiro? Como vamos pedir-lhes?"

A Angariação de Fundos como Um Ministério

O ministério é, em primeiro
lugar, receber a bênção de Deus
daqueles a quem ministramos.
Que bênção é esta? É um
vislumbre do rosto de Deus.
— *Here and Now*

A ANGARIAÇÃO DE FUNDOS COMO UM MINISTÉRIO

Do ponto de vista do Evangelho, a angariação de fundos não é uma resposta a uma crise. A angariação de fundos é, antes de mais, uma forma de ministério. É uma forma de anunciar a nossa visão e convidar outras pessoas para a nossa missão. A visão e a missão são tão centrais para a vida do povo de Deus que sem visão perecemos e sem missão perdemos o nosso caminho (Provérbios 29:18; 2 Reis 21:1-9). A visão junta as necessidades e os recursos para atender a essas necessidades (Actos 9:1-19). A visão também nos mostra novas direcções e oportunidades para a nossa missão (Actos 16:9-10). A visão dá-nos coragem para falar quando podemos querer permanecer em silêncio (Actos 18:9).

A angariação de fundos é proclamar o que acreditamos de tal forma que oferecemos a outras pessoas a oportunidade de participar connosco na nossa visão e missão. Angariar fundos é precisamente o oposto de implorar. Quando procuramos angariar fundos, não estamos a dizer: "Por favor, poderia ajudar-nos? Ultimamente tem sido difícil..." Em vez disso, estamos a declarar: "Temos uma visão que é incrível e emocionante. Estamos a convidá-lo/a a investir em si mesmo através dos recursos que Deus lhe deu - a sua energia, as suas orações e o seu dinheiro - nesta obra para a qual Deus nos chamou." O nosso convite é claro e confiante, porque acreditamos que a nossa visão e missão são como "a árvore plantada junto a ribeiros de águas, a qual dá o seu fruto no seu tempo; as suas folhas não cairão, e tudo quanto fizer prosperará." (Salmo 1:3).

A angariação de fundos também é sempre um apelo à conversão. E este apelo vem tanto para aqueles que procuram por fundos como por aqueles que têm os fundos. Se estamos a pedir dinheiro ou a dar dinheiro, somos atraídos por Deus, que está prestes a fazer uma coisa nova através da nossa colaboração (veja Isaías 43:19). Ser convertido significa experimentar uma mudança profunda na forma como vemos, pensamos e agimos. Ser convertido é ser vestido na nossa mente justa, para chegar a ser nós mesmos da forma como o filho mais novo fez quando estava a morrer de fome, longe da sua verdadeira casa (Lucas 15:14-20). É uma mudança de atenção em que colocamos a nossa mente nas coisas divinas (Mateus 16:23). "E não vos conformeis com este mundo, mas transformai-vos pela renovação do vosso entendimento, para que

> Com efeito, viver uma vida espiritual exige uma mudança de coração, uma conversão. Tal conversão pode ser marcada por uma mudança interna repentina ou pode ocorrer através de um longo e silencioso processo de transformação.—
> *Making All Things New*

experimenteis qual seja a boa, agradável e perfeita vontade de Deus." (Romanos 12:2). A angariação de fundos como ministério envolve uma conversão real.

Na angariação de fundos, as pessoas que trabalham em lojas são muitas vezes mais sábias do que as pessoas que trabalham na igreja. Aqueles que estão envolvidos em grandes negócios sabem que nunca se recebe muito dinheiro se implorar por ele. Lembro-me de visitar uma angariação de fundos bem-sucedida no Texas, cujo escritório estava cheio de coisas bonitas. Eu disse: "Como é que se atreve a pedir dinheiro neste escritório?" Ele respondeu: "O meu escritório faz parte da minha forma de abordar as pessoas. É para comunicar que sei como trabalhar com dinheiro, que sei como fazer com que o dinheiro cresça. Isto inspira confiança nas pessoas que conheço, de que o seu investimento será bem utilizado."

Esta abordagem não é para todos e estar rodeado de coisas boas não é a motivação certa para angariar fundos como ministério. O importante aqui é que, espiritualmente, este homem estava a dizer: "Peço dinheiro de pé, não me curvo, porque acredito no que sou. Acredito que tenho algo importante para oferecer." Sem desculpas, ele convida as pessoas a fazerem parte da sua visão.

Na angariação de fundos como ministério, estamos a convidar as pessoas para uma nova forma de se relacionarem com os seus recursos. Ao dar às pessoas uma visão espiritual, queremos que elas experimentem que de facto beneficiarão ao nos disponibilizar os seus recursos. Acreditamos verdadeiramente que, se a oferta deles é apenas boa para nós que recebemos, então não é uma angariação de fundos no sentido espiritual. A angariação de fundos do ponto de vista do Evangelho diz às pessoas: "Irei tomar o vosso dinheiro e investi-lo-ei nesta visão somente se for bom para a vossa jornada espiritual, somente se for bom para a vossa saúde espiritual." Por outras palavras, estamos a chamá-los para uma experiência de conversão: "Vocês não se tornarão mais pobres ao dar, mas sim mais ricos." Podemos afirmar com confiança com o Apóstolo Paulo: "Para que em tudo enriqueçais para toda a beneficência, a qual faz que por nós se dêem graças a Deus." (2 Coríntios 9:11).

Se esta abordagem e convite confiantes estão a faltar, então estamos desconectados da nossa visão e perdemos a direcção da nossa missão. Também ficaremos isolados dos nossos doadores, porque nos veremos a implorar por dinheiro e eles só nos vão entregar um che-

> A pessoa convertida vê, ouve e compreende com um olho, um ouvido e um coração divino.
> —*¡Gracias!*

que. Não foi criada nenhuma conexão verdadeira porque não lhes pedimos que viéssem e estivéssem connosco. Não lhes demos a oportunidade de participar no espírito do que somos. Podemos ter feito uma transacção bem-sucedida, mas não iniciámos um relacionamento bem-sucedido.

Aqui vemos que, se a angariação de fundos como ministério convida aqueles com dinheiro para uma nova relação com a sua riqueza, também nos chama a ser convertidos em relação às nossas necessidades. Se voltarmos do pedir dinheiro a alguém e nos sentirmos exaustos e de alguma forma manchados por actividades não espirituais, há algo de errado. Não nos devemos deixar enganar ao pensar que a angariação de fundos é apenas uma actividade secular. Como uma forma de ministério, a angariação de fundos é tão espiritual como pregar, ter um tempo de oração, visitar os doentes ou alimentar os famintos. Portanto, a angariação de fundos também tem de nos ajudar na nossa conversão. Será que estamos dispostos a ser convertidos do nosso medo de pedir, da nossa ansiedade por sermos rejeitados ou por nos sentirmos humilhados, ou deprimidos quando alguém diz: "Não, não me vou envolver no seu projecto"? Quando tivermos ganho a liberdade de pedir sem medo, de amar a angariação de fundos

> Deus tornará o nosso amor frutífero, quer vejamos essa fecundidade ou não.
> —*Bread for the Journey*

como uma forma de ministério, então ela será boa para a nossa vida espiritual.

Quando aqueles com dinheiro e aqueles que precisam dele partilham uma missão, vemos um sinal central da vida nova no Espírito de Cristo. Pertencemos juntos ao nosso trabalho porque Jesus nos uniu e o darmos fruto depende de permanecermos ligados n'Ele. Jesus diz-nos: "Eu sou a videira, vós as varas; quem está em mim, e eu nele, esse dá muito fruto; porque sem mim nada podeis fazer." (João 15:5). Com Ele, podemos fazer qualquer coisa porque sabemos que Deus nos rodeia com uma abundância de bênçãos. Portanto, aqueles que precisam de dinheiro e aqueles que o podem dar, encontram-se no terreno comum do amor de Deus. "E Deus é poderoso para fazer abundar em vós toda a graça, a fim de que tendo sempre, em tudo, toda a suficiência, abundeis em toda a boa obra" (2 Coríntios 9:8). Quando isso acontece, podemos realmente dizer com Paulo: "É nova criação!" (2 Coríntios 5:17). Onde há uma nova criação em Cristo, é lá onde o Reino de Deus é manifestado ao mundo.

Ajudar o Reino a Chegar

Portanto, colocar os nossos corações no Reino, significa fazer da vida do Espírito dentro de e entre nós o centro de tudo o que pensamos, dizemos ou fazemos.

—Making All Things New

A angariação de fundos é uma forma muito concreta de ajudar o Reino de Deus. O que é o Reino? Jesus é claro que se fizermos do reino a nossa primeira prioridade, "todas estas coisas vos serão acrescentadas" (Mateus 6:33). O Reino é onde Deus providencia tudo o que precisamos. É o Reino da suficiência onde não somos mais puxados para aqui e para ali pela ansiedade de ter o suficiente. "Não vos inquieteis, pois, pelo dia de amanhã, porque o dia de amanhã cuidará de si mesmo. Basta a cada dia o seu mal" (Mateus 6:34). Jesus também compara o Reino a uma semente de mostarda, "que, quando se semeia na terra, é a menor de todas as sementes que há na terra; Mas, tendo sido semeado, cresce; e faz-se a maior de todas as hortaliças, e cria grandes ramos, de tal maneira que as aves do céu podem aninhar-se debaixo da sua sombra" (Marcos 4:31-32). Mesmo um acto aparentemente pequeno de generosidade pode tornar-se algo muito além do que poderíamos pedir ou imaginar (veja Efésios 3:20) - a criação de uma comunidade de amor neste mundo e além dele, porque onde quer que o amor cresça, é mais forte do que a morte (1 Coríntios 13:8). Sendo assim, quando nos dedicamos a plantar e a nutrir o amor aqui na terra, os nossos esforços irão além da nossa própria existência cronológica. Com efeito, se angariarmos fundos para a criação de uma comunidade de amor, estaremos a ajudar Deus a construir o Reino. Estamos a fazer exactamente o que é suposto fazermos como cristãos. Paulo é claro sobre isso: "Segui o amor" (1 Coríntios 14:1).

A Nossa Base de Segurança

A pessoa convertida conhece-se a si mesma e a todo o mundo em Deus.
—¡*Gracias!*

Aqueles de nós que pedem dinheiro precisam olhar cuidadosamente para si mesmos. A questão não é como conseguir dinheiro. Em vez disso, a questão é sobre a nossa relação com o dinheiro. Nunca seremos capazes de pedir dinheiro se não soubermos como nos relacionamos com ele.

Qual é o lugar do dinheiro nas nossas vidas? A importância do dinheiro está tão ligada às relações que parece quase impossível pensar nele sem também pensar em como a vida familiar influenciou a nossa relação com o dinheiro.

Quantos de nós sabem quanto dinheiro o nosso pai ou mãe ganha, ou têm, neste momento? Normalmente falamos com eles sobre o dinheiro deles? O dinheiro é sempre o assunto da conversa à mesa de jantar? As conversas familiares sobre dinheiro geralmente são ansiosas, irritadas, esperançosas, satisfeitas? Os nossos pais falavam-nos do dinheiro quando éramos crianças? Eles falam connosco sobre ele hoje em dia? Ensinaram-nos a lidar com o dinheiro? E nós? Discutimos os nossos assuntos financeiros com os nossos filhos? Estamos confortáveis em dizer-lhes como é que o ganhamos e como é que o usamos?

O dinheiro é uma realidade central das relações familiares. É também uma realidade central nas nossas relações com as pessoas, instituições e causas para além da vida familiar. Por isso, precisamos também de pensar neste lado da nossa vida financeira.

Como é que gastamos o dinheiro que temos? Estamos inclinados a poupá-lo para estarmos preparados para emergências ou gastamo-lo porque talvez não o tenhamos mais tarde? Gostamos de dar o nosso dinheiro a amigos, a instituições de caridade, a igrejas, a partidos políticos e a instituições educacionais? Para onde é que estamos, de facto, a dar o nosso dinheiro? Estamos preocupados se a nossa oferta é dedutível nos impostos? Será que essa pergunta sequer nos ocorre?

Como nos sentiríamos se as pessoas usassem o dinheiro que lhes demos de formas diferentes daquelas para as quais o doámos? Imagine dar mil dólares a alguém pensando que o dinheiro seria usado para ajudar crianças carentes. Mais tarde, fica claro que essa pessoa usou a oferta para uma viagem às Caraíbas. Ficaríamos zangados? Uma vez o presidente do seminário disse-me: "Se nunca quiser ser enganado, nunca dê dinheiro."

Se o dinheiro toca nas nossas relações com os membros da família, bem como com o mundo além da nossa casa, ele também alcança a nossa vida interior. É interessante que a frase "valor pessoal" pode significar tanto a extensão dos nossos activos financeiros como o nosso valor como seres humanos. Mais uma vez, algumas perguntas podem ajudar-nos a explorar este aspecto da nossa relação com o dinheiro.

Como é que ter ou não ter dinheiro afecta a nossa auto-estima, o nosso sentido de valor? Sentimo-nos bem quando temos muito dinheiro? Se não temos muito dinheiro, sentimo-nos mal connosco próprios? Um salário baixo ou mesmo modesto é fonte de constrangimento? Ou será que o dinheiro não nos importa?

Dinheiro e poder caminham juntos. Há também uma relação real entre o poder e um sentido de auto-estima. Alguma vez usamos o dinheiro para controlar pessoas ou eventos? Por outras palavras, usamos o nosso dinheiro para fazer as coisas acontecerem da forma que queremos que aconteçam? Alguma vez usamos dinheiro simplesmente para dar aos outros a liberdade de fazer o que querem fazer? Como é que nos sentimos quando nos pedem dinheiro?

Se alguma destas perguntas nos deixa desconfortáveis, pode ser porque falar sobre dinheiro é um dos maiores tabus hoje em dia. Conversas sobre dinheiro são um tabu maior do que conversas sobre sexo ou religião. As pessoas podem dizer: "Não fale sobre religião, isso é um assunto pessoal." Outros podem dizer: "Não fale sobre sexo, pois é um assunto que pertence ao quarto." Discutir sobre dinheiro é ainda mais difícil para muitas pessoas. E isso torna-se imediatamente perceptível quando precisamos de fazer alguma angariação de fundos. Muitas vezes sentimos que pedir dinheiro não é uma coisa fácil de ser feita.

A razão para o tabu é que o dinheiro tem algo a ver com aquele lugar íntimo no nosso coração onde precisamos de segurança e não queremos revelar a nossa necessidade ou dar a nossa segurança a alguém que, talvez apenas acidentalmente, nos possa trair. Muitas vozes à nossa volta e dentro de nós alertam-nos sobre o perigo da dependência. Tememos ser dependentes dos outros por causa da ideia de que a dependência é uma ameaça à nossa segurança. Uma vez um amigo meu contou-me com que frequência o pai lhe dizia: "Filho, certifica-te de não te tornares dependente de ninguém. Certifica-te de que não tens de implorar pelo que precisas. Certifica-te de teres sempre dinheiro suficiente para poderes ter a tua própria casa, as tuas próprias coisas e o teu próprio povo para te ajudar. Enquanto tiveres algum dinheiro no banco, nada de mal te pode realmente acontecer."

A pressão na nossa cultura para garantir o nosso próprio futuro e para controlar as nossas vidas o máximo possível não tem apoio na

> O Espírito de Amor diz: "Não tenham medo de abandonar a vossa necessidade de controlar a vossa própria vida."
> —*Here and Now*

Bíblia. Jesus conhece a nossa necessidade de segurança. Ele está preocupado em que, como a segurança é uma necessidade humana tão profunda, não percamos a nossa confiança em coisas ou pessoas que não nos podem oferecer segurança real. "Não ajunteis tesouros na terra, onde a traça e a ferrugem tudo consomem, e onde os ladrões minam e roubam; Mas ajuntai tesouros no céu, onde nem a traça nem a ferrugem consomem, e onde os ladrões não minam nem roubam. Porque onde estiver o vosso tesouro, aí estará também o vosso coração" (Mateus 6:19-21). Não podemos encontrar segurança se o nosso coração estiver dividido. Por isso Jesus diz algo muito radical: "Nenhum servo pode servir dois senhores; porque, ou há de odiar um e amar o outro, ou se há de chegar a um e desprezar o outro. Não podeis servir a Deus e a Mamom" (Lucas 16:13).

Qual é a nossa base de segurança? Deus ou Mamom? Isto é o que Jesus perguntaria. Ele diz que não podemos colocar a nossa segurança em Deus e também no dinheiro. Temos que fazer uma escolha. Jesus aconselha: "Põe a tua segurança em Deus." Temos de escolher se queremos pertencer ao mundo ou a Deus. A nossa confiança, a nossa confiança básica, ensina Jesus, tem de estar em Deus. Enquanto a nossa verdadeira confiança estiver no dinheiro, não podemos ser verdadeiros membros do Reino. Todas as perguntas que fiz foram simplesmente para nos ajudar a considerar se ainda estamos, talvez, a colocar a nossa segurança no dinheiro. "Aquele que confia nas suas riquezas cairá, mas os justos reverdecerão como a folhagem" (Provérbios 11:28). Qual é a verdadeira base da nossa segurança?

> Uma vida verdadeiramente espiritual é aquela na qual não descansaremos até que tenhamos encontrado descanso no abraço d'Aquele que é o Pai e a Mãe de todos os desejos.
>
> —*Here and Now*

Pessoas Que São Ricas

Vós sois enviados a este mundo para acreditar em vós mesmos como eleitos de Deus e depois para ajudar os vossos irmãos e irmãs a saber que também são filhas e filhos amados de Deus que pertencem uns aos outros
—*Finding My Way Home*

A Bíblia é inequívoca sobre a preocupação de Deus com os pobres. "Pois nunca deixará de haver pobre na terra; pelo que te ordeno, dizendo: Livremente abrirás a tua mão para o teu irmão, para o teu necessitado, e para o teu pobre na tua terra" (Deuteronómio 15:11; veja Isaías 58:6-12). Desde o seu nascimento que a Igreja tem reconhecido o lugar privilegiado dos pobres aos olhos de Deus. "Ouvi, meus amados irmãos: Porventura não escolheu Deus aos pobres deste mundo para serem ricos na fé, e herdeiros do reino que prometeu aos que o amam?" (Tiago 2:5). "Porque já sabeis a graça de nosso Senhor Jesus Cristo que, sendo rico, por amor de vós se fez pobre; para que pela sua pobreza enriquecêsseis." (2 Coríntios 8:9). Deus ama os pobres, assim como aqueles que seguem a Cristo. Ao amar e servir os pobres, temos a bela oportunidade de amar e servir a Jesus. "E, respondendo o Rei, lhes dirá: Em verdade vos digo que quando o fizestes a um destes meus pequeninos irmãos, a mim o fizestes" (Mateus 25:40).

Mas às vezes a nossa preocupação com os pobres pode trazer consigo um preconceito contra os ricos. Podemos sentir que eles não são tão bons como os pobres. Lembro-me de ouvir um professor de uma escola teológica dizer sobre uma igreja grande e rica: "Ela não pode ser uma igreja autêntica." Talvez pensemos que os ricos tenham mais dinheiro do que merecem, ou que tenham as suas riquezas à custa dos pobres. Talvez seja difícil amar os ricos tanto quanto os pobres. Mas ninguém diz que devemos amar os ricos menos do que os pobres. Os pobres são de facto mantidos no coração de Deus. Precisamos recordar que os ricos também lá estão. Conheci várias pessoas ricas ao longo dos anos e a minha experiência, mais e mais me mostra, que as pessoas ricas também são pobres, mas de outras formas.

Muitas pessoas ricas são muito solitárias. Muitas lutam com a sensação de serem usadas. Outras sofrem sentimentos de rejeição ou depressão. Pode parecer estranho dizer, mas os ricos precisam de muita atenção e cuidado. Isto é muito importante ser reconhecido, porque muitas vezes tenho entrado em contacto com pessoas ricas que estão totalmente na prisão do pensamento: "A única coisa que as pessoas vêem em mim é o dinheiro. Onde quer que vá, sou a tia rica ou o amigo rico

> As raízes da solidão são muito profundas e não podem ser tocadas por publicidade optimista, por imagens de amor de substituição ou pela convivência social. Elas encontram a sua comida na suspeita de que não há ninguém que se importe e ofereça amor sem condições e nenhum lugar onde possam ser vulneráveis sem serem usadas.
> —*Reaching Out*

ou a pessoa rica. Por isso, acabo por ficar no meu pequeno círculo, porque assim que saio, as pessoas dizem: 'Ela é rica'!"

Uma vez uma mulher veio ver-me. Ela era muito rica e muito deprimida. Ela tinha ido de um psiquiatra para outro e tinha-lhes pago valores enormes, mas com poucos resultados. Ela disse: "Sabe, Henri, todos estão atrás do meu dinheiro. Nasci na riqueza e a minha família é rica. Isto faz parte de quem eu sou, mas o dinheiro não é tudo. Tenho tanto medo de ser amada apenas por causa do meu dinheiro e não por causa de quem realmente sou."

Há alguns anos, uma pessoa que tinha lido vários dos meus livros ligou para o meu assistente na universidade onde eu estava a ensinar. Ele disse: "Estou a ler os livros do Henri Nouwen e pergunto-me se ele precisa de dinheiro? Eu realmente quero que ele escreva mais e é caro escrever livros hoje em dia." Estava fora durante quatro meses e por isso o meu assistente ligou-me e disse-me: "Há um banqueiro aqui que quer ajudá-lo com dinheiro." Eu não sabia o que fazer, então disse-lhe: "Bem, vá jantar com ele." Então eles saíram para jantar e depois continuaram a jantar todas as semanas. Eles falavam sobre todos os tipos de coisas e quando voltei para a universidade, os dois tinham-se tornado bons amigos.

Juntei-me ao meu assistente para jantar com o banqueiro que me disse: "Henri, eu sei que não sabe nada sobre dinheiro." Eu disse: "Como é que sabe?" Ele respondeu-me: "Sei que pessoas como escritores não sabem nada acerca do dinheiro." No entanto, o que ele estava realmente a dizer era que: "O que estás a escrever é algo sobre o qual quero falar contigo a um nível mais pessoal do que posso apenas ler nos teus livros. Acredito que a única forma de desenvolver uma relação pessoal contigo é através da minha força, que é ser um banqueiro." Em última análise, este homem estava a dizer: "Preciso de algo que acho que tens e realmente gostaria de conhecer-te." Eu respondi: "Não vamos falar de dinheiro agora. Vamos apenas falar sobre si."

Com o tempo, tornamo-nos amigos íntimos. Ano após ano, ele dava-me alguns milhares de dólares. Usei bem o dinheiro e disse-lhe o que tinha feito com as suas ofertas. Mas o dinheiro não era a parte mais importante da nossa relação. O mais importante foi que ele foi capaz de partilhar quem ele era e eu fui capaz de fazer o mesmo numa atmosfera de respeito mútuo e confiança.

Quando o meu amigo morreu, a sua família disse-me: "Gostaríamos de continuar a apoiá-lo por causa do amor que tinha pelo nosso marido e pai. Queremos que sempre sinta que há pessoas que o irão apoiar porque o amou, assim como o nosso marido e pai o amaram."

Através da pobreza do homem rico, muito do Reino foi desenvolvido. O dinheiro era real, mas não era a parte mais impressionante do nosso relacionamento. Todos tínhamos recursos: os meus eram espirituais e os deles eram materiais. O que foi impressionante foi que todos nós queríamos trabalhar para o Reino, construir uma comunidade de amor, deixar que algo acontecesse que fosse maior do que aquilo que éramos individualmente.

O meu amigo banqueiro ajudou-me a ver que devemos ministrar aos ricos a partir do nosso próprio lugar de riqueza - a riqueza espiritual que herdamos como irmãos e irmãs de Jesus Cristo. N'Ele "... estão escondidos todos os tesouros da sabedoria e da ciência" (Colossenses 2:3). Devemos ter a coragem de ir aos ricos e dizer: "Eu amo-te e não é por causa do teu dinheiro, mas por causa de quem és." Devemos reivindicar a confiança para chegar perto de uma pessoa rica, sabendo que ela é tão pobre e precisa tanto de amor como nós. Podemos descobrir o pobre nesta pessoa? Isto é tão importante porque é precisamente na pobreza desta pessoa que descobrimos a sua bênção.

> Assim como o Pai Se doa a Si mesmo aos Seus filhos, também eu me doo a mim mesmo aos meus irmãos e irmãs.
> —*The Return of the Prodigal Son*

Jesus disse: "Bem-aventurados vós, os pobres, por-que vosso é o reino de Deus" (Lucas 6:20). Os ricos também são pobres. Portanto, se pedirmos dinhei-ro a pessoas que têm dinheiro, temos de amá-las profundamente. Não precisamos de nos preocupar com o dinheiro. Em vez disso, precisamos preocu-par-nos se, através do convite que lhes oferecemos e da relação que desenvolvemos com elas, elas che-garão mais perto de Deus.

Pedir

Retira os muitos medos, suspeitas e
dúvidas pelos quais te impeço de seres
meu Senhor e dá-me a coragem e a
liberdade de aparecer nu e vulnerável
à luz da Tua presença, confiante na
Tua insondável misericórdia.
—*A Cry for Mercy*

PEDIR

Se a nossa segurança está totalmente em Deus, então somos livres para pedir dinheiro. Só quando estamos livres dele é que podemos pedir livremente que outros o dêem. Esta é a conversão para a qual a angariação de fundos como ministério nos chama. Já vimos que muitas pessoas têm dificuldade em pedir dinheiro por ser um assunto tabu. E é um assunto tabu porque as nossas próprias inseguranças estão ligadas ao dinheiro e por isso não somos livres. Também não somos livres se tivermos inveja dos ricos e invejarmos o seu dinheiro. Não somos livres se sentimos raiva daqueles que têm dinheiro, dizendo a nós mesmos: "Não tenho a certeza se eles obtiveram todo esse dinheiro de forma honesta." Quando pessoas ricas nos deixam com inveja ou com raiva, revelamos que o dinheiro, de alguma forma, ainda é nosso mestre e que, portanto, não estamos prontos para pedi-lo.

Estou profundamente preocupado por não pedirmos dinheiro por raiva ou inveja, especialmente quando esses sentimentos estão escondidos por detrás de palavras educadas e de uma apresentação cuidadosa

> Quando desfrutamos verdadeiramente da generosidade ilimitada de Deus, seremos gratos por aquilo que os nossos irmãos e irmãs recebem. A inveja simplesmente não terá lugar nos nossos corações.
> —*Bread for the Journey*

do nosso pedido por fundos. Não importa o quão polida seja a nossa abordagem. Quando o nosso pedido surge da raiva ou da inveja, não estamos a dar à pessoa os meios para se tornarem num irmão ou irmã. Em vez disso, colocamos a pessoa numa posição defensiva porque percebe que está a acontecer algum tipo de competição. A oferta de participar da nossa visão e missão já não é sobre o Reino, já não fala em nome de Deus, o único em quem a nossa segurança está segura.

Uma vez que estamos comprometidos em oração para colocar toda a nossa confiança em Deus e tornamos claro que estamos preocupados apenas com o Reino; uma vez que aprendemos a amar os ricos por quem eles são em vez do que eles têm; e uma vez que acreditamos que temos algo de grande valor para lhes dar, então não teremos nenhum problema em pedir a alguém por uma grande soma de dinheiro. Somos livres para pedir o que precisarmos com a confiança de que o conseguiremos. Isto é o que o Evangelho diz: "Pedi, e dar-se-vos-á; buscai, e encontrareis; batei, e abrir-se-vos-á" (Mateus 7:7). Se, por alguma razão, uma pessoa disser 'Não', somos livres para responder com gratidão. Podemos confiar que o Espírito de Cristo que nos está a guiar também está a guiar essa pessoa. Talvez os seus recursos financeiros sejam mais urgentemente necessários em outros lugares. Talvez ainda não esteja pronto para assumir um compromisso real. Talvez precisemos ouvir mais profundamente o Espírito para que o nosso pedido seja mais claro e a nossa visão seja mais atractiva. Pelo facto de nos aproximarmos de potenciais doadores no Espírito de Cristo, quando lhes pedimos dinheiro podemos fazê-lo com uma atitude e num clima de liberdade confiante. "Estai, pois, firmes na liberdade com que Cristo nos libertou, e não torneis a colocar-vos debaixo do jugo da servidão" (Gálatas 5:1).

Pedir dinheiro às pessoas é dar-lhes a oportunidade de colocar os seus recursos à disposição do Reino. Angariar fundos é oferecer às pessoas a oportunidade de investir o que têm na obra de Deus. Se têm muito ou pouco não é tão importante como a possibilidade de disponibilizar o seu dinheiro a Deus. Quando Jesus alimentou cinco mil pessoas com apenas cinco pães e dois peixes, Ele estava a mostrar-nos como o amor de Deus pode multiplicar os efeitos da nossa generosidade (veja Mateus 14:13-21). O Reino de Deus é o lugar de abundância onde cada acto generoso transborda os seus limites originais e torna-se parte da graça ilimitada de Deus que opera no mundo (veja 2 Coríntios 9:10-15).

Uma Nova Comunhão

A comunidade é o fruto da
nossa capacidade de tornar
os interesses dos outros mais
importantes do que os nossos.
—*Bread for the Journey*

Quando pedimos às pessoas por dinheiro para fortalecer ou expandir o trabalho do Reino, também as convidamos para uma nova comunhão espiritual. Isto é muito importante. Na carta de Paulo aos Romanos lemos: "Porque sabemos que toda a criação geme e está juntamente com dores de parto até agora. E não só ela, mas nós mesmos, que temos as primícias do Espírito, também gememos em nós mesmos, esperando a adoção, a saber, a redenção do nosso corpo" (Romanos 8:22-23). Este gemido vem do fundo de nós e de dentro de toda a criação. É o som do nosso anseio de comunhão com Deus e entre nós, comunhão que transcende os limites do tempo e do espaço.

Ao mesmo tempo, este gemido exprime também o anseio apaixonado de Deus por ter comunhão connosco e com tudo o que Deus criou. Deus deseja "que também a mesma criatura será libertada da servidão da corrupção, para a liberdade da glória dos filhos de

> O verdadeiro perigo que enfrentamos é o de desconfiar do nosso desejo de comunhão. É um desejo dado por Deus sem o qual as nossas vidas perdem a sua vitalidade e os nossos corações arrefecem.
> —*Here and Now*

> Precisamos de amigos. Os amigos guiam-nos, cuidam de nós, confrontam-nos em amor e consolam-nos em tempos de dor.
> —*Bread for the Journey*

Deus." (Romanos 8:21). Esta é a liberdade da verdadeira comunhão espiritual. Pedir dinheiro é uma forma de chamar as pessoas para esta comunhão connosco. É dizer: "Queremos que nos conheçam." Reunidos pelo nosso desejo comum, começamos a conhecer esta comunhão à medida que caminhamos juntos em direcção à nossa visão.

Como é que a comunhão espiritual se manifesta concretamente? Quando a angariação de fundos, como ministério, reúne as pessoas em comunhão com Deus e umas com as outras, deve oferecer a possibilidade real de amizade e de comunidade. As pessoas têm tanta necessidade de amizade e de comunidade que a angariação de fundos tem de estar na base da construção de comunidade. Pergunto-me quantas igrejas e organizações de caridade percebem que a comunidade é um dos maiores presentes que têm a oferecer. Se pedirmos dinheiro, isso significa que oferecemos uma nova comunhão, uma nova fraternidade, uma nova irmandade, um novo modo de pertencer. Temos algo a oferecer - amizade, oração, paz, amor, fidelidade, afeição, ministério para os necessitados - e essas coisas são tão valiosas que as pessoas estão dispostas a disponibilizar

> A comunidade é, em primeiro lugar, uma qualidade do coração. Cresce a partir do conhecimento espiritual de que estamos vivos não para nós mesmos, mas para os outros.
> —*Bread for the Journey*

os seus recursos para sustentá-las. A angariação de fundos deve sempre ter como objectivo criar relacionamentos novos e duradouros. Conheço pessoas cujas vidas giram à volta da amizade que encontram nas igrejas, mosteiros, organizações de serviço e em comunidades cristãs intencionais. Essas pessoas visitam ou voluntariam-se e é nesses contextos que encontram nutrição e apoio. Se essas pessoas têm dinheiro, vão dá-lo; mas essa não é a questão. Quando comparado com a nova liberdade e novos amigos numa nova comunhão, o dinheiro é a coisa menos interessante.

A comunhão espiritual também se revela numa nova forma de dar fruto. Aqui, a natureza radical da angariação de fundos como ministério torna-se clara. No mundo, aqueles que levantam fundos devem mostrar aos potenciais doadores um plano estratégico que os convença de que o seu dinheiro ajudará a aumentar a produtividade e o sucesso da organização. Na nova comunhão, a produtividade e o sucesso também podem crescer como resultado da angariação de fundos. Mas são apenas subprodutos de uma energia criativa mais profunda, a energia do amor plantado e nutrido na vida das pessoas em e através da nossa relação com Jesus. Com o ambiente certo e cuidado paciente, essas sementes podem produzir uma grande colheita, "um trinta, e outro sessenta, e outro cem" (Marcos 4:20). Cada vez que nos aproximamos das pessoas por dinheiro, devemos ter a certeza de que as convidamos para esta visão de dar fruto e para uma visão que é frutífera. Queremos que se juntem a nós para que, juntos, comecemos a ver o que Deus quer dizer quando diz: "Frutificai e multiplicai-vos" (Génesis 1:28).

Por fim, gostaria de retomar a relação entre dinheiro e nós que o buscamos por meio da angariação de fundos. Assim como o trabalho de construir a comunidade de amor nos pede para nos convertermos na nossa atitude em relação ao dinheiro, da mesma forma esta mesma actividade convida cada um de nós a uma maior fidelidade à nossa chamada pessoal, à nossa vocação única. O nosso próprio apelo deve ser aprofundado e reforçado em resultado da nossa angariação de fundos. Às vezes, isso leva-nos ao cerne da nossa luta com a nossa vocação. Durante o meu próprio trabalho de angariação de fundos, as pessoas diziam-me: "Vou dar-lhe dinheiro se aceitar o desafio de ser um melhor pastor, se parar de ser tão ocupado e for mais fiel à sua vocação. Vai andar de um lado para o outro a falar pelos cotovelos, mas não escreve o suficiente. Sei que é difícil fechar a porta, sentar-se atrás da sua secretária e não falar com ninguém, mas espero que a minha contribuição o apoie na sua escrita." Isto faz parte do dar fruto da comunidade de amor.

Ao chamar-nos a um compromisso mais profundo com o nosso ministério particular, a angariação de fundos ajuda a tornar visível o Reino que já está entre nós.

Oração e Gratidão

O Espírito revela que não
pertencemos a um mundo de
sucesso, fama ou poder, mas a Deus.
—Bread for the Journey

Como é que nos tornamos pessoas cuja base de segurança é Deus e somente Deus? Como é que podemos estar confiantes tanto com os ricos como com os pobres no terreno comum do amor de Deus? Como é que podemos pedir dinheiro sem suplicar e chamar as pessoas a uma nova comunhão sem as coagir? Como é que podemos expressar não apenas na nossa forma de falar, mas também na nossa forma de estar com os outros a alegria, vitalidade e a promessa da nossa missão e visão? Em suma, como é que passamos da percepção da angariação de fundos como uma actividade desagradável, mas inevitável, para o reconhecimento da angariação de fundos como uma expressão vivificante e cheia de esperança do ministério?

A oração é a disciplina espiritual através da qual a nossa mente e coração são convertidos da hostilidade ou suspeita, para a hospitalidade para com as pessoas que têm dinheiro. A gratidão é o sinal de que esta conversão se está a espalhar por todos os aspectos da nossa vida. Do início ao fim, a angariação de fundos como ministério é fundamentada na oração e realizada em gratidão.

A oração é o ponto de partida radical da angariação de fundos porque, na oração, experimentamos lentamente uma reorientação de todos os nossos pensamentos e sentimentos sobre nós mesmos e sobre os outros. Orar é desejar conhecer mais plenamente a verdade que nos liberta (veja João 8:32). A oração revela os motivos ocultos e as feridas não reconhecidas que moldam os nossos relacionamentos. A oração permite-nos ver a nós mesmos e aos outros como Deus nos vê. A oração é radical porque descobre as raízes mais profundas da nossa identidade em Deus. Na oração, buscamos a voz de Deus e permitimos que a Sua palavra penetre no nosso medo e resistência para que possamos começar a ouvir o que Ele quer que saibamos. E o que Deus quer que saibamos é que antes de pensarmos, fazermos ou realizarmos qualquer coisa, antes de termos muito ou pouco dinheiro, a verdade mais profunda da nossa identidade humana é esta: "Tu és o meu Filho amado, em ti me comprazo" (Lucas 3:22). Quando podemos afirmar esta verdade como sendo verdadeira para nós, também vemos que é verdadeira para todas as outras pessoas. Deus está satisfeito connosco e por isso somos livres para nos aproximarmos de todas as pessoas, ricas ou pobres, na liberdade do Seu amor. Se as pessoas respondem ao nosso apelo de angariação de fundos com um 'Sim', um 'Não' ou um 'Talvez' é menos importante do que o conhecimento de que todos estamos reunidos como um só no terreno sagrado da disposição generosa de Deus para connosco. Portanto, na oração aprendemos a confiar que Deus pode trabalhar de forma frutífera através de nós, não importa onde ou com quem estejamos.

À medida que a nossa oração se aprofunda numa constante consciência da bondade de Deus, o espírito de gratidão cresce dentro de nós. A gratidão flui do reconhecimento de que quem somos e aquilo que temos são dons a serem recebidos e partilhados. A gratidão liberta-nos dos laços da obrigação e prepara-nos para nos oferecermos livre e plenamente para a obra do Reino. Quando nos aproximamos da angariação de fundos num espírito de gratidão, fazemo-lo sabendo que Deus já nos deu o que mais precisamos para a vida em abundância. Portanto, a nossa confiança na nossa missão e visão, e a nossa liberdade de amar a pessoa a quem estamos a falar sobre doar dinheiro, não dependem de como essa pessoa responde. Desta forma, a gratidão permite-nos aproximar-nos de um evento de angariação de fundos sem nos apegarmos à necessidade e terminá-lo sem ressentimento ou desânimo. Podemos permanecer seguros no amor de Deus com os nossos corações postos alegremente no Reino.

> Quanto mais tocamos no amor íntimo de Deus que nos cria, sustenta e guia, mais reconhecemos a multidão de frutos que brotam desse amor.
> —*Lifesigns*

Venha o Teu Reino

O mistério do ministério é que fomos escolhidos para fazer do nosso próprio amor limitado e muito condicional a porta de entrada para o amor ilimitado e incondicional de Deus. Portanto, o verdadeiro ministério deve ser mútuo.
—In the Name of Jesus

A angariação de fundos é uma actividade muito rica e bonita. É uma expressão confiante, alegre e cheia de esperança do ministério. Ao ministrar uns aos outros, cada um a partir das riquezas que possui, trabalhamos juntos para a chegada plena do Reino de Deus.

O amor nunca acaba.
(1 Coríntios 13:8)

OBRAS CITADAS DE HENRI J. M. NOUWEN

Página 17: Making All Things New (1981), 57.

Página 19: ¡Gracias! (1983), 50.

Página 21: Bread for the Journey (1997),
11 de Agosto.

Página 23: Making All Things New (1981), 43.

Página 26: ¡Gracias! (1983), 50.

Página 31: Here and Now (1994), 53.

Página 33: Here and Now (1994), 40.

Página 34: Finding My Way Home (2001), 132.

Página 37: Reaching Out (1975), 16.

Página 40: The Return of the Prodigal Son
(1992), 122.

Página 42: A Cry for Mercy (1981), 24.

Página 44: Bread for the Journey (1997),
6 de Julho.

Página 47: Bread for the Journey (1997),
23 de Janeiro.

Página 48: Here and Now (1994), 44.

Página 49: Bread for the Journey (1997),
1 de Maio.

Página 47: Bread for the Journey (1997),
23 de Janeiro.

Página 54: Bread for the Journey (1997),
10 de Junho.

Página 57: Lifesigns (1986), 70.

Página 59: In the Name of Jesus (1989), 44.

SOBRE HENRI J. M. NOUWEN

Autor de renome internacional, professor respeitado e pastor amado, Henri Nouwen escreveu mais de quarenta livros sobre a vida espiritual que inspiraram e confortaram inúmeras pessoas em todo o mundo. Desde a sua morte, em 1996, um número cada vez maior de leitores, escritores e pesquisadores estão a explorar o seu legado literário. As suas obras foram traduzidas e publicadas em mais de vinte e duas línguas diferentes.

Nascido em Nijkerk, Holanda, a 24 de Janeiro de 1932, Nouwen foi ordenado em 1957. Movido pelo seu desejo de uma melhor compreensão do sofrimento humano, foi em 1964 para os Estados Unidos estudar no Programa de Religião e Psiquiatria na Clínica Menninger. Ele passou a leccionar na Universidade de Notre Dame, no Instituto Pastoral de Amsterdão e nas Escolas da Divindade de Yale e Harvard, onde as suas aulas estavam entre as mais populares do campus.

O seu forte apelo como professor e escritor teve muito a ver com a sua paixão de integrar todos os aspectos da sua vida numa espiritualidade vivida. Nouwen estava convencido de que lutar por essa integração é uma necessidade urgente na nossa cultura. A sua escrita, muitas vezes autobiográfica, deu aos leitores uma janela para as alegrias e lutas da sua própria busca espiritual. O carácter universal da visão espiritual de Nouwen ultrapassou muitos limites e inspirou uma ampla gama de indivíduos: banqueiros, políticos e profissionais de Wall Street, camponeses peruanos, professores, líderes religiosos, ministros e cuidadores.

Nouwen viajou muito durante a sua vida, ensinando sobre temas como ministério e cuidado dos outros, compaixão, pacificação, sofrimento, solidão, comunidade, processo até à morte e morte.

Nouwen estava sempre à procura de novas imagens para transmitir a profundidade das boas novas da mensagem do Evangelho. Por exemplo, ele conheceu e fez amizade com um grupo de trapezistas num circo itinerante. Pouco antes da sua morte súbita, ele estava a trabalhar num projecto para usar a vida no circo como uma imagem da jornada espiritual. O Regresso do Filho Pródigo, uma das suas obras clássicas, casa a arte e a espiritualidade numa interpretação contemporânea da antiga parábola evangélica.

Henri viveu os últimos dez anos da sua vida com pessoas que têm deficiências de desenvolvimento numa comunidade L'Arche perto de Toronto, no Canadá.

Inspirada pela convicção de Henri Nouwen de que o relacionamento pessoal com Deus é a base para todos os outros relacionamentos, a Henri

Nouwen Society existe para criar oportunidades e recursos que apoiem as pessoas no seu desejo de crescer espiritualmente.